Este libro pertenece a:

____

Visite nuestro sitio web

www.kirdes.com

Nos encuentra en Instagram para actualizaciones semanales
@kirdesjam

Tu opinión importa, buena o mala, estamos aquí para mejorar y sin tu aporte.
eso no sería posible, si tiene alguna pregunta, comentario, crítica,
contáctenos en: **info@kirdes.com.**

Siempre pueden ocurrir errores si tiene algún problema con este impreso
edición, como errores de impresión, encuadernación defectuosa,
errores gramaticales / tipográficos por favor no lo dudes y
contacta en **info@kirdes.com.**

HO
HO

HO
HO
HO

HO
HO
HO

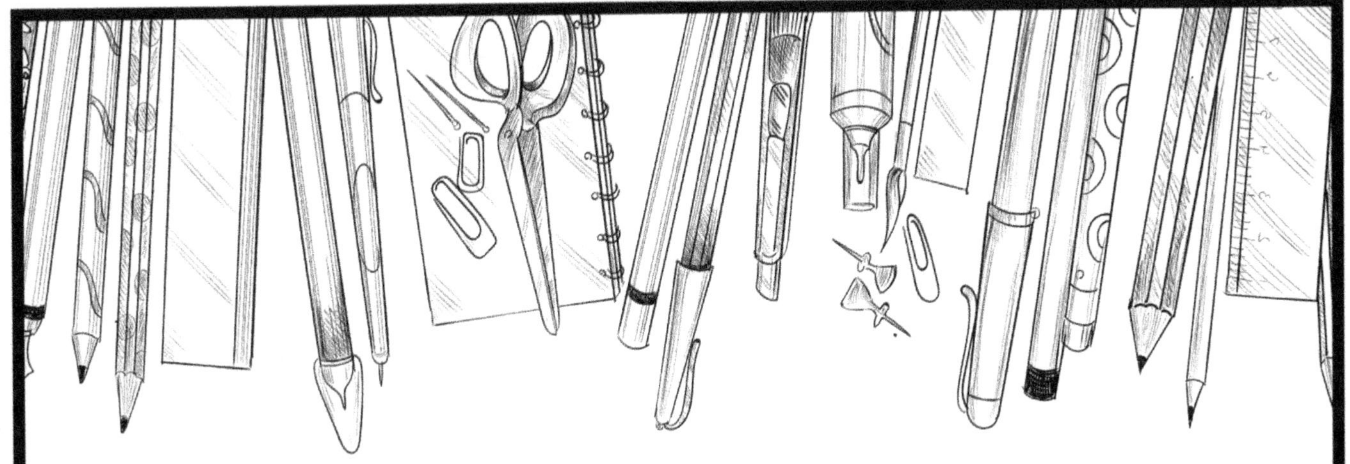

Esperamos que te hayas divertido mucho
colorear este libro.
Nos encantaría ver tu creatividad.
Pide a un adulto que lo comparta con nosotros
en Instagram y etiqueta a @kirdesjam en la publicación.
o envíelo por correo electrónico a info@kirdes.com

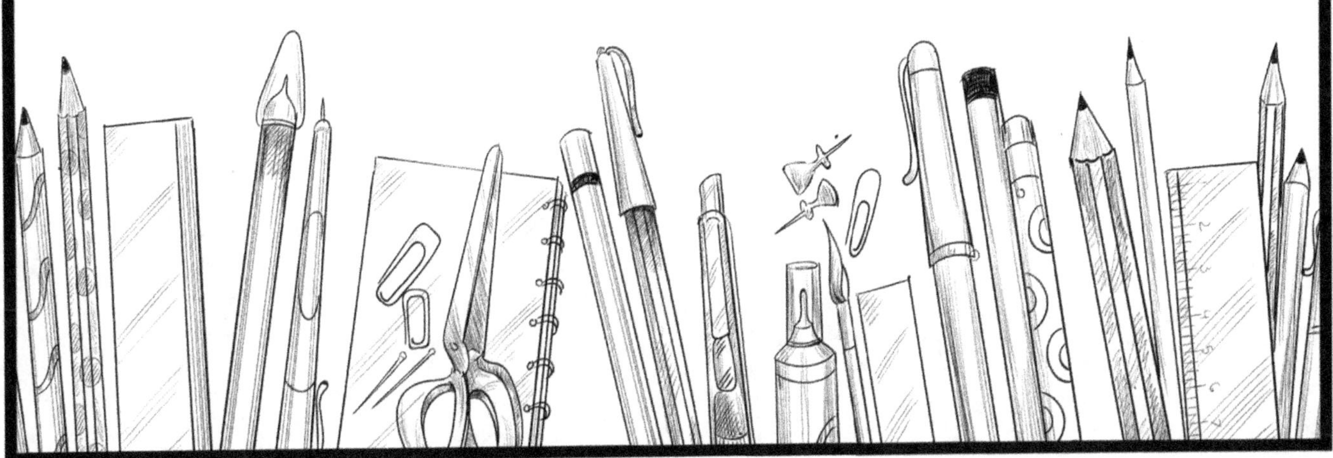